Barbie

Cherche et trouve Barbie Rêve de Danseuse Étoile

Directeur de collection : Lise Boëll
Direction artistique : Ipokamp
Éditorial : Céline Schmitt

Publication originale :

22, rue Huyghens, 75014 Paris
www.albin-michel.fr

Barbie™

Cherche et trouve Barbie Rêve de Danseuse Étoile

ALBIN MICHEL

La répétition

Les ballerines répètent pour la grande représentation de ce soir. La professeur de danse, Madame Natasha, est très exigeante. Elle corrige les poses de tous ses élèves.

Enfile tes chaussons de danse pour retrouver les 10 éléments suivants :

- Justaucorps bleu
- Chausson jaune
- Pied de barre
- Chausson noir
- Jupon
- Attache de rideau
- Jambière rose
- Brosse
- Tutu
- Sac

Barbie est l'une des plus grandes actrices de sa génération. Aujourd'hui, elle interprète le rôle de Kristyn, une jeune fille qui rêve de devenir danseuse étoile. Le tournage du film commence...

THE FUTURE IS BRIGHT
FUTURE DESIGN
MODERN ART
HEALTH & BEAUTY
GIRL POWER

Chez la costumière

Hailey et sa meilleure amie Kristyn rendent visite à Madame Katerina, la costumière, pour trouver une nouvelle paire de pointes. Sa réserve regorge de trésors !

Parmi tous les objets de la réserve, à toi d'en dénicher 10.

- Chaussure rouge
- Boîte
- Bouquet de fleurs
- Porte-épingles
- Bracelet
- Machine à coudre
- Lunettes
- Chaussons
- Mètre
- Diadème

L'essayage des chaussons magiques

Kristyn enfile des chaussons de danse roses. Hailey s'extasie : elle les trouve magnifiques ! D'autant que quelques secondes plus tard, ils révèlent des pouvoirs magiques...

Observe bien la scène et repère ces 10 détails :

- Boîte à chaussures magique
- Chausson rose
- Robe
- Collier
- Ceintre beige
- Lampe
- Aile de papillon
- Chaussure
- Plante
- Pied de banc

Le village de Giselle

Une musique résonne. Kristyn et Hailey identifient aussitôt l'air du célèbre ballet *Giselle*. Elles réalisent alors qu'elles ne sont plus dans la réserve de madame Katerina mais dans un village et que Kristyn a pris l'apparence de Giselle. Des paysans se rassemblent autour d'elle.

Viens danser avec Kristyn pour découvrir ces 10 éléments :

- Fenêtre
- Fleur
- Botte
- Ceinture
- Collier
- Manche
- Chausson
- Fleur verte
- Nœud
- Papillon

L'arrivée de la reine des Neiges

Se souvenant que l'histoire de Giselle finit mal, Hailey insiste auprès de son amie pour qu'elles quittent l'aventure, ce qu'elles font sans tarder. Peu après, la reine des Neiges fait irruption sur son traîneau de cristal. Furieuse que les deux filles n'aient pas respecté l'histoire du ballet, elle part à leur poursuite.

Vite ! Dépêche-toi de retrouver ces 10 objets !

- **Papillon**
- **Feuille bleue**
- **Botte**
- **Diadème**
- **Gant**
- **Fleur violette**
- **Collerette**
- **Oiseaux**
- **Marguerite**
- **Bracelet**

Un reflet dans le Lac des Cygnes

De leur côté, Hailey et Kristyn traversent une forêt et se retrouvent près d'un magnifique lac où des cygnes évoluent avec grâce. Kristyn aperçoit son reflet dans l'eau. Grâce à ses chaussons magiques, elle est devenue brune et porte désormais une nouvelle robe. La voilà dans la peau d'Odette, l'héroïne du ballet *Le Lac des Cygnes*.

Ne te laisse pas impressionner par le reflet et distingue ces 10 éléments :

La danse avec le prince Siegfried

Soudain, un beau prince du nom de Siegfried s'approche du groupe de danseuses pour prendre la main de Kristyn alias Odette. Le duo est bientôt rejoint par les ballerines. Le prince ne quitte pas des yeux la gracieuse Kristyn. Mais il n'est pas le seul, le diabolique Rothbart, qui veut marier sa fille à Siegfried, les espionne.

Kristyn a trouvé son prince, à toi de trouver ces 10 objets :

- Diadème
- Broche en forme de cygne
- Palmier
- Plume
- Bracelet
- Fleur bleue
- Chausson bleu
- Fleur rose
- Fleurs
- Ceinture

La transformation de Kristyn et Hailey

Pour que sa fille épouse le prince, Rothbart a jeté un sort à Kristyn et Hailey transformées en cygnes. Heureusement, à la tombée de la nuit, alors qu'un grand bal est donné par le prince Siegfried, elles reprennent leur apparence humaine.

Aide les filles à dénicher ces 10 détails :

- Diadème
- Lanière
- Lanterne
- Botte
- Boutonnière
- Écharpe
- Lunettes
- Papillon
- Nœud
- Ceinture

Le retour à l'école de danse

L'expérience a été riche en émotions. Il est temps pour Kristyn de retirer ses ballerines roses… Elle et son amie se retrouvent à l'école de danse en un instant comme par magie. Hailey s'empresse de faire les retouches de dernière minute aux costumes. Kristyn entre en scène dans un instant…

De retour au théâtre, sauras-tu retrouver ces 10 éléments ?

- Attache de rideau
- Bloc-notes
- Poster
- Casque
- Brosse à cheveux
- Miroir
- Poudrier
- Tablier
- Rouge à lèvres
- Verre

Le final

La prestation de Kristyn a été un triomphe. Les ballerines saluent le public sous un tonnerre d'applaudissements. Kristyn est très émue, et fière du sourire que lui adresse sa professeur, Madame Natasha. Son rêve s'est réalisé : elle est devenue une vraie danseuse étoile !

Profite du spectacle et repère ces 10 détails :

- Diadème
- Diamant
- Nœud
- Lampe
- Petit mot rose
- Flash
- Appareil photo
- Chapeau
- Rose blanche
- Collier

ISBN : 978-2-226-24678-3
Loi n°49-956 du 16 juillet 1949 sur les publications destinées à la jeunesse
Achevé d'imprimer en France par Pollina - L64172.
Dépôt légal : avril 2013

Barbie